Erich ist verschwunden

Illustriert von **Alfredo Belli**

Redaktion: Jacqueline Tschiesche
Projektleitung und Graphik: Nadia Maestri
Computerlayout: Tiziana Pesce
Bildbeschaffung: Laura Lagomarsino

© 2004 Cideb Editrice, Genua

Überarbeitete Ausgabe
© 2007 Cideb Editrice, Genua

Fotonachweis: Marie Claire Maison, S. 34; Hockenheim GmbH, S. 55; Nürburgring GmbH, S. 56

Trotz intensiver Bemühungen konnten nicht alle Inhaber von Text- und Bildrechten ausfindig gemacht werden. Für entsprechende Hinweise ist der Verlag dankbar.

Alle Rechte vorbehalten. Die Verbreitung dieses Buches oder von Teilen daraus durch Film, Funk oder Fernsehen, der Nachdruck und die fotomechanische Wiedergabe sind nur mit vorheriger schriftlicher Genehmigung des Verlages gestattet.

Wir würden uns freuen, von Ihnen zu erfahren, ob Ihnen dieses Buch gefallen hat. Wenn Sie uns Ihre Eindrücke mitteilen oder Verbesserungsvorschläge machen möchten, oder wenn Sie Informationen über unsere Verlagsproduktion wünschen, schreiben Sie bitte an:
e-mail: redaktion@cideb.it
www.cideb.it

CISQ CERT
TEXTBOOKS AND TEACHING MATERIALS
The quality of the publisher's design, production and sales processes has been certified to the standard of
UNI EN ISO 9001

ISBN 978-88-530-0145-0   Buch
ISBN 978-88-530-0146-7   Buch + CD

Gedruckt in Genua, Italien, bei Litoprint

Inhalt

Personen 4

Akt 1 Szene 1 5
Szene 2 14
Szene 3 16

Akt 2 Szene 1 27
Szene 2 28
Szene 3 36

Akt 3 Szene 1 44
Szene 2 58

Dossier Jugendliche Ausreißer 24
Autorennen in Deutschland 55

ÜBUNGEN 9, 19, 32, 41, 47, 62

INTERNETPROJEKT Tourismus in Frankfurt 63
Goethes Geburtshaus 64

FIT 1 Mit Übungen zur Vorbereitung der Prüfung Fit in Deutsch 1.

Der Text ist vollständig auf CD aufgenommen.

PERSONEN

Kommissar Gandolf

Frau Schneider

Herr Schneider

Pauline

Erich

Akt 1 Szene 1

Kommissar Gandolf, Herr Schneider, ein Polizeibeamter

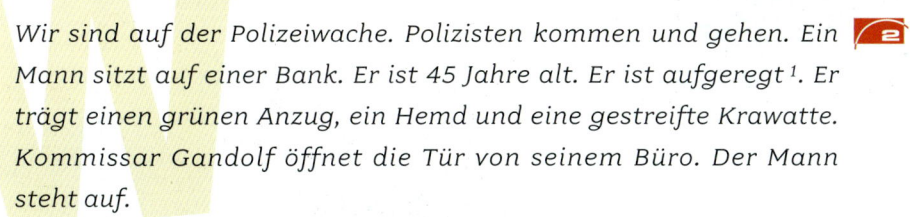

Wir sind auf der Polizeiwache. Polizisten kommen und gehen. Ein Mann sitzt auf einer Bank. Er ist 45 Jahre alt. Er ist aufgeregt[1]. Er trägt einen grünen Anzug, ein Hemd und eine gestreifte Krawatte. Kommissar Gandolf öffnet die Tür von seinem Büro. Der Mann steht auf.

Herr Schneider: — Herr Kommissar. Mein Sohn ist verschwunden[2].

Kommissar Gandolf: — Na so was! Aber kommen Sie doch rein. Setzen Sie sich.

Er setzt sich hinter seinen Schreibtisch. Der Mann setzt sich ihm gegenüber.

Kommissar Gandolf: — Also, erzählen Sie mal.

Herr Schneider: — Ja, mein Sohn ist nicht nach Hause gekommen. Und er ist heute morgen nicht in die Schule gegangen. Wo kann er bloß sein?

Kommissar Gandolf: — Beruhigen[3] Sie sich. Wie alt ist Ihr Sohn?

Herr Schneider: — Er ist 15 Jahre alt.

---

1. **aufgeregt**: nervös.
2. **verschwinden** (verschwunden): weg sein.
3. **sich beruhigen**: ruhig werden.

Erich ist verschwunden

Kommissar Gandolf: — Na gut.
Kommissar Gandolf nimmt ein Blatt Papier und einen Kugelschreiber.
Ihr Name, bitte?

Herr Schneider: — Schneider. Hans Schneider.

Kommissar Gandolf: — Wo wohnen Sie?

Herr Schneider: — Hier in Frankfurt, mit meiner Familie.

Kommissar Gandolf: — Ihre Adresse?

Herr Schneider: — Clemensstraße 3.

Kommissar Gandolf: — Sie arbeiten auch in Frankfurt?

Herr Schneider: — Ja, ich bin Ingenieur.

Kommissar Gandolf: — Gut. Erzählen Sie mir ein bisschen von Ihrem Sohn.

Herr Schneider: — Also, heute morgen, Erich ... Erich ist der Vorname von meinem Sohn ... Erich ist wie immer zur Schule gegangen. Aber jetzt ist es sechs Uhr abends und er ist immer noch nicht zurück. Normalerweise kommt er freitags um vier zurück. Ich habe einen Schulkameraden von Erich angerufen. Er hat mir gesagt, dass mein Sohn nicht in der Schule gewesen ist. Und auch ein anderer Schulkamerad ruft mich an. Er fragt mich, ob Erich krank ist, ich frage warum. Er sagt mir, dass Erich nicht in der Schule war. Ich mache mir Sorgen [1], Herr Kommissar.

Kommissar Gandolf: — Beruhigen Sie sich, Herr Schneider. Er ist ausgerissen [2]. Mit 15 Jahren kommt so etwas vor.

Herr Schneider: — Nein, er ist nicht ausgerissen.

Kommissar Gandolf: — Warum sagen Sie das?

---

1. **sich Sorgen machen**: Angst haben.
2. **ausreißen** (ausgerissen): von zu Hause weg laufen.

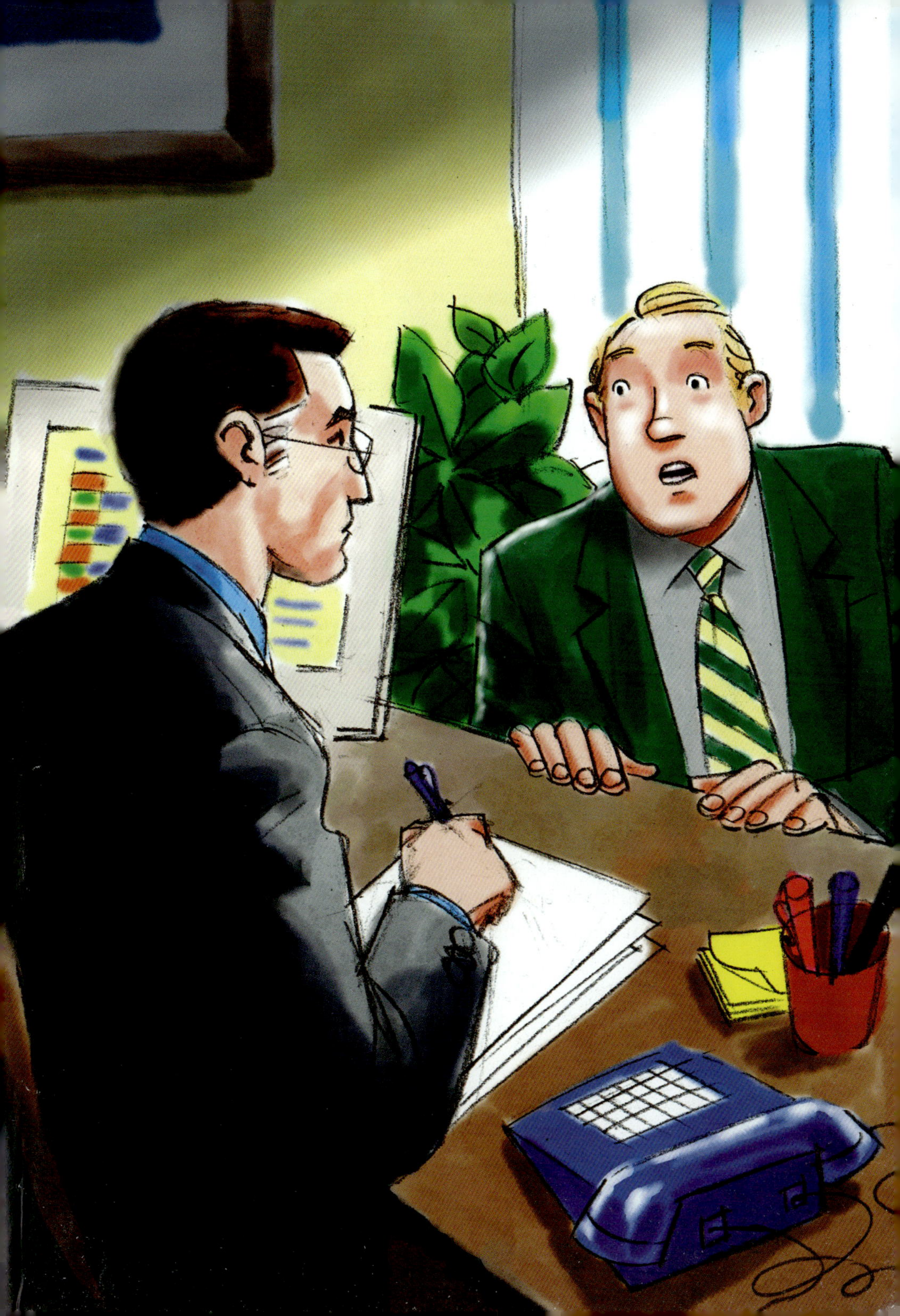

Erich ist verschwunden

Herr Schneider: — Na ja, also ... ich bin Ingenieur ... ich arbeite an einem geheimen Projekt ... eine ganz ungewöhnliche Maschine, ja revolutionär. Jemand will mein Geheimnis [1]. Man hat Erich entführt [2], um mich zum Sprechen zu bringen.

Es klopft an der Tür. Kommissar Gandolf hebt den Kopf.

Kommissar Gandolf: — Ja. Herein!

Ein Polizist kommt herein.

Der Polizist: —Entschuldigung, Kommissar ... Frau Schneider ist da. Kann sie eintreten?

Kommissar Gandolf: — Natürlich. Machen Sie sich keine Sorgen, Herr Schneider. Ich bin sicher, dass es Erich gut geht.

Er steht auf, um Frau Schneider zu begrüßen.

1. **s Geheimnis(se)**: s Mysterium.
2. **entführen**: mit Gewalt an einen anderen Ort bringen.

ÜBUNGEN

Textverständnis

1 Fülle die Tabelle mit den Informationen aus Akt 1, Szene 1 aus.

	Erster Protagonist	Zweiter Protagonist
Name		
Beruf		
Wohnort		
Familienstand		nicht bekannt
Kinder		nicht bekannt

FIT 1 **2** Richtig (R) oder Falsch (F)?

                                                                                    R F

- **a** Der erste Protagonist ist 50 Jahre alt
- **b** Wir sind auf einer Polizeiwache.
- **c** Der Mann trägt einen grauen Anzug.
- **d** Der Mann ist sehr ruhig.
- **e** Der Mann arbeitet in Freiburg.
- **f** Der Mann meldet das Verschwinden von seinem Hund.
- **g** Der Mann ist Franzose.

ÜBUNGEN

3 Korrigiere, was falsch ist.

a Erich ist 14 Jahre alt.
   ....

b Er geht aufs Gymnasium.
   ....

c Er ist mit seinen Freunden ins Kino gegangen.
   ....

d Freitags kommt er um 16 Uhr aus der Schule.
   ....

e Ein Freund von Erich hat angerufen.
   ....

f Erich ist nicht in die Schule gegangen.
   ....

Schreiben

1 Schreibe eine ähnliche Szene mit verteilten Rollen und dann spiele sie mit deinen Schulkameraden. Hier hast du die Fakten:

> Frau Toller ist auf der Polizeiwache. Ihre Tochter Manuela, 12 Jahre, ist verschwunden. Sie geht auf die Realschule und kommt freitags um 17 Uhr aus der Schule. Es ist 19 Uhr und Manuela ist noch nicht da. Frau Toller ist sehr unruhig. Sie ist geschieden [1] und lebt allein mit ihrer Tochter. Sie glaubt, dass ihr Ex-Mann die Tochter entführt hat.

1. **geschieden**: Mann und Frau sind nicht mehr verheiratet.

ÜBUNGEN

Grammatik

Unbestimmter Artikel im Nominativ

- Singular: **ein, eine, ein**, Plural: **Nullartikel Ø**

  ein Mann   Männ*er*
  eine Frau   Frau*en*
  ein Kind   Kind*er*

Bestimmter Artikel im Nominativ

- Singular: **der, die, das**, Plural: **die**

  der Hut   *die* Hüte
  die Krawatte   *die* Krawatten
  das Hemd   *die* Hemden

1 Ergänze mit dem bestimmten oder unbestimmten Artikel.

a .... Kommissar heißt Robert Gandolf.
b .... Polizeibeamten sind immer freundlich.
c .... Mann sitzt neben dem Fenster.
d .... Hose von Herrn Schneider ist grau.
e .... Kleid von Frau Schneider ist grün.
f .... Polizeistation ist in Frankfurt.
g .... Schulkamerad von Erich ruft an.
h Er trägt .... weißes Hemd und .... graue Hose.
j .... Ingenieure sind wichtige Leute.

Wortschatz

1 Familie Schneider und die lieben Verwandten.

- Albert und Maria
- Hans und Valeria
- Marta und Franz
- Erich und Pauline
- Manuela

Hier ist der Stammbaum von Familie Schneider.
Schau ihn dir genau an und ergänze danach den Text mit den folgenden Worten:

> *Ehemann   Großeltern   Großvater   Kusine   Onkel
> Schwester   Sohn   Tante   Tochter (x2)*

Hans Schneider ist mit Valeria verheiratet. Sie haben zwei Kinder: einen ...., Erich, und eine ...., Pauline. Frau Schneider hat eine ...., Marta. Sie ist die .... von Erich und Pauline. Ihr .... heißt Franz. Er ist Pilot. Sie haben eine ...., Manuela. Oft sind Erich, Pauline und ihre .... bei ihren .... , Albert und Maria. Ihre Großmutter backt Kuchen und ihr .... macht mit ihnen lange Wanderungen. Erich und Pauline mögen ihren ...., Franz. Er erzählt immer spannende Geschichten von seinen Reisen.

Schreiben

FIT 1 ❶ Dein Hund ist verschwunden. Schreibe eine E-Mail an einen *Hundesuchdienst*. Du findest unter diesem Stichwort Adressen im Internet.
Beschreibe deinen Hund, wie er heißt und wo du ihn zuletzt gesehen hast. Gib auch deine Telefonnummer an.

Hallo,

Akt 1 Szene 2

Kommissar Gandolf, Frau Schneider, Herr Schneider

Frau Schneider tritt in das Büro ein. Sie geht zu ihrem Mann.
Frau Schneider: — Hans. Was ist los? Wo ist Erich? Ich habe deine Notiz gefunden und bin sofort gekommen.
Kommissar Gandolf weist auf einen Stuhl.
Kommissar Gandolf: — Setzen Sie sich, Frau Schneider. Wir werden Erich schon finden.
Frau Schneider ist unruhig. Sie schaut ihren Mann an, dann den Kommissar. Kommissar Gandolf sitzt wieder hinter seinem Schreibtisch.
Kommissar Gandolf: — Also ... Erzählen Sie mir von Erich? Wie sieht er aus?
Frau Schneider: — Na ja ... Er ist groß ... 1 Meter 75. Er hat blonde Locken und braune Augen.
Kommissar Gandolf: — Trägt er eine Brille?
Frau Schneider: — Ja, aber nur zum Lesen und Fernsehen.
Kommissar Gandolf: — Haben Sie ein Foto?
Frau Schneider: — Ja, warten Sie. Ich habe ein Passfoto von ihm.
Sie sucht nervös in ihrer Tasche.
Dann gibt sie dem Kommissar das Foto.
Frau Schneider: — Da, sehen Sie, das ist Erich.

Akt 1 Szene 2

Kommissar Gandolf: — Ist das ein neues Foto?

Frau Schneider: — Ja, ziemlich neu ... jetzt hat Erich lange Haare bis auf die Schultern.

Herr Schneider: — Diese langen Haare. Ich habe ihm hundert Mal gesagt, er soll zum Friseur gehen. Aber er hört ja nicht auf mich.

Kommissar Gandolf: — Was hatte Erich heute morgen an?

Frau Schneider: — Eine alte, zerrissene[1] Jeans, wie es jetzt Mode ist und einen sehr weiten, roten Pullover.

Herr Schneider: — Wieder diese zerrissene Jeans und der alte Pullover!

1. **zerreißen** (zerrissen): kaputt.

Erich ist verschwunden

Kommissar Gandolf: — Hat Erich eine Freundin?
Herr Schneider: — Eine Freundin? Aber das ist doch lächerlich. Er ist doch noch ein Kind. Er ist erst 15 Jahre alt.
Frau Schneider schaut ihren Mann an, dann Kommissar Gandolf. Sie zögert, bevor sie spricht. Es ist ihr peinlich[1].
Kommissar Gandolf: — Herr Schneider, ich rate Ihnen, nach Hause zu gehen. Erich könnte anrufen.
Kommissar Gandolf steht auf, um Herrn Schneider zu verabschieden.
Herr Schneider: — Sicher, Sie haben Recht. Bis gleich, Schatz. Ich bitte Sie, Herr Kommissar, suchen Sie meinen Sohn.
Herr Schneider geht raus.

Akt 1 Szene 3

Kommissar Gandolf, Frau Schneider

Kommissar Gandolf setzt sich wieder.
Kommissar Gandolf: — Also, Erich hat eine Freundin?
Frau Schneider: —Mmh ... Na ja ... Ja, ich glaube ... Letzte Woche habe ich einen Brief gefunden.
Kommissar Gandolf: — Haben Sie ihn gelesen?
Frau Schneider: — Ja, ich bin neugierig[2]... ich konnte nicht anders... der Brief ist von einer gewissen Annegret.
Kommissar Gandolf: — Hat Erich von ihr erzählt?

---

1. **peinlich**: unangenehm.
2. **neugierig**: eine Person, die alles wissen will.

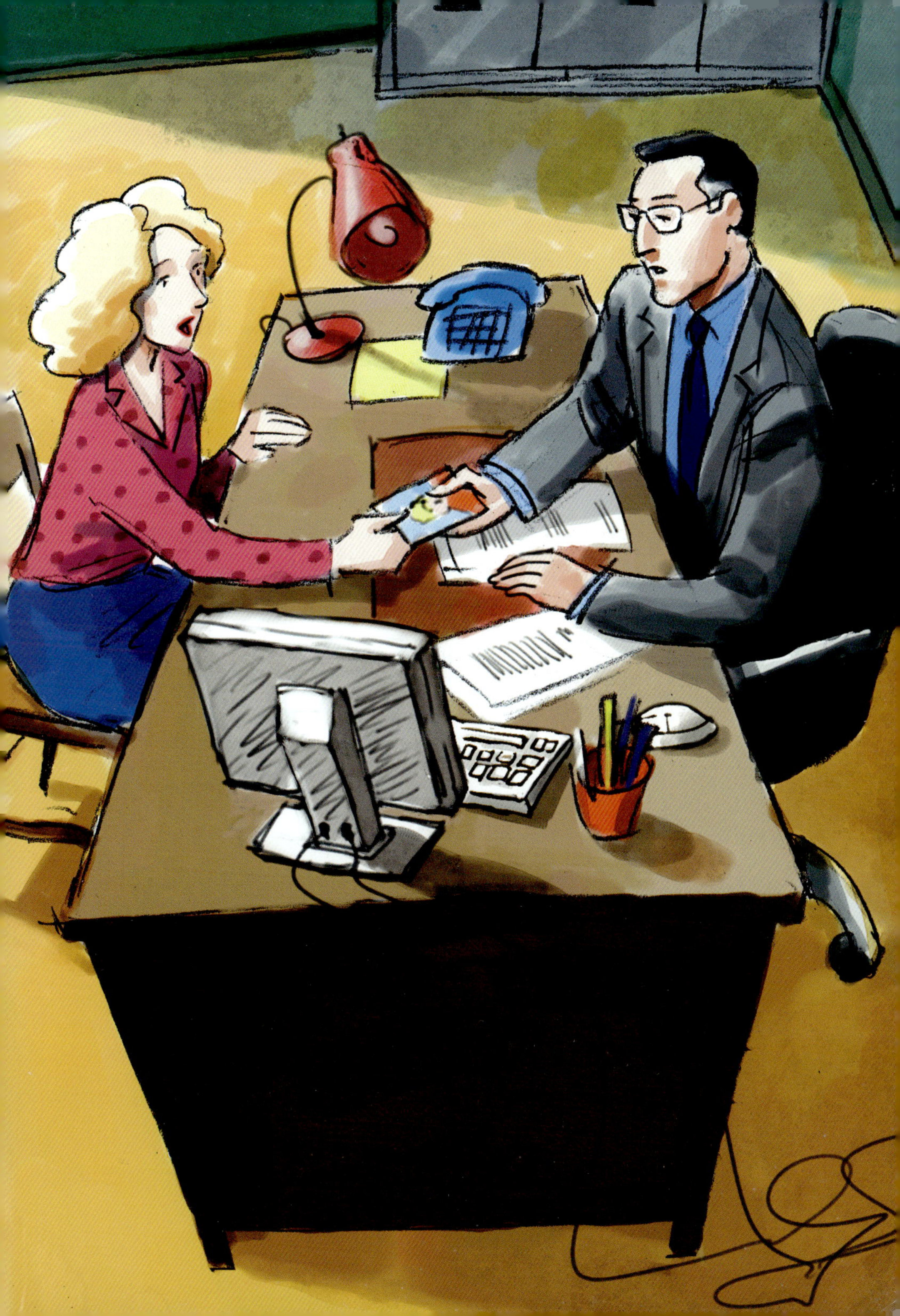

Erich ist verschwunden

Frau Schneider: — Nein ... und er weiß auch nicht, dass ich den Brief gelesen habe. Verstehen Sie?

Kommissar Gandolf: — Ja, natürlich verstehe ich das. Wissen Sie, ob Annegret in Frankfurt lebt?

Frau Schneider: — Nein. Ich glaube nicht... sie sagt, dass sie Erich sehen will, dass er ihr fehlt, dass sie ihn liebt.

Kommissar Gandolf: — Hat Erich heute morgen seine Schulbücher eingepackt?

Frau Schneider: — Ja, wie jeden Morgen.

Kommissar Gandolf: — Also. Kommissar Gandolf steht auf. Gehen Sie nach Hause. Schauen Sie nach, ob Erich Kleider mitgenommen hat. Vielleicht wollte er Annegret besuchen...Ich behalte dieses Foto. Und später komme ich zu Ihnen, um Spuren[1] zu suchen. Einverstanden?

Frau Schneider steht auf. Kommissar Gandolf begleitet sie zur Tür. Machen Sie sich vor allem keine Sorgen. Wir werden Erich bald wiederfinden. Bis gleich.

1. e Spur(en): s Indiz.

Textverständnis

FIT 1 **1** Richtig (R) oder (F) Falsch.

		R	F
a	Erich hat eine Freundin.	☐	☐
b	Er hat einen Brief auf dem Schreibtisch hinterlassen.	☐	☐
c	Erich hat nicht seine Schulbücher mitgenommen.	☐	☐
d	Erich hat lange Haare.	☐	☐
e	Seine Jeans ist zerrissen.	☐	☐
f	Er will nicht zum Friseur gehen.	☐	☐

2 Erinnerst du dich?

a Wie groß ist Erich?
....

b Wie sind seine Haare?
....

c Welche Farbe hat sein Pullover?
....

d Trägt er eine Brille?
....

e Wie heißt seine Freundin?
....

f Wie heißt sein Vater mit Vornamen?
....

3 Immer der Reihe nach. Wie ist die richtige Reihenfolge?

a ☐ Kommissar Gandolf begleitet Frau Schneider zur Tür.
b ☐ Herr Schneider verlässt das Büro des Kommissars.
c ☐ Frau Schneider sucht in ihrer Tasche ein Foto von Erich.
d ☐ Frau Schneider kommt ins Büro und geht auf ihren Mann zu.

Grammatik

Die Negation

*Das ist **kein** Problem. Machen Sie sich **keine** Sorgen Das ist **nicht** einfach. Der Kommissar begrüßt Herrn Schneider **nicht**.*

Mit dem Negativartikel **kein** verneint man Substantive mit unbestimmtem Artikel oder Nullartikel. Das Negativwort **nicht** steht vor allen anderen negierten Wörtern oder am Ende des Satzes als Vollnegation.

1 **Negiere die folgenden Sätze.**

> Beispiel: *Kommissar Gandolf öffnet die Tür.*
> *Kommissar Gandolf öffnet die Tür **nicht.***

a Ich komme zu Ihnen.
   ....

b Alice wohnt in Frankfurt.
   ....

c Lesen Sie einen Brief?
   ....

d Ich verstehe die Situation.
   ....

e Er nimmt den Autobus um 17 Uhr.
   ....

f Sie sucht Fotos von Erich.
   ....

ÜBUNGEN

2 Setze die Verneinung ins Perfekt.

> Beispiel: *Kommissar Gandolf öffnet die Tür **nicht**.*
> *Kommissar Gandolf hat die Tür **nicht** geöffnet.*

a ....
b ....
c ....
d ....
e ....
f ....

Lesen Plus

1 Lies diese Kurzbiographie und beantworte die Fragen.

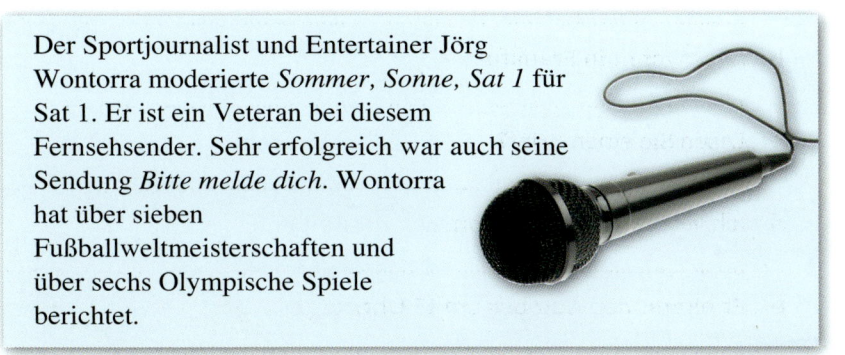

> Der Sportjournalist und Entertainer Jörg Wontorra moderierte *Sommer, Sonne, Sat 1* für Sat 1. Er ist ein Veteran bei diesem Fernsehsender. Sehr erfolgreich war auch seine Sendung *Bitte melde dich*. Wontorra hat über sieben Fußballweltmeisterschaften und über sechs Olympische Spiele berichtet.

1 Für welchen Tv-Sender arbeitet Jörg Wontorra?
2 Wie heißen seine Sendungen?
3 Über welche Events berichtet Jörg Wontorra außerdem?

ÜBUNGEN

2 Schau dir das Foto von Jörg Wontorra an und kreuze die richtige Antwort an.

1   Seine Haare sind
- a ☐ rot.
- b ☐ kurz.
- c ☐ lang.
- d ☐ lockig.
- e ☐ blond.

2   Auf dem Foto ist er
- a ☐ traurig.
- b ☐ fröhlich.
- c ☐ genervt.
- d ☐ wütend.
- e ☐ besorgt.

3   Er trägt
- a ☐ ein weißes Hemd.
- b ☐ ein kariertes Hemd.
- c ☐ ein gestreiftes Hemd.
- d ☐ ein dunkles Hemd.
- e ☐ ein rotes Hemd.

4   Auf dem Foto
- a ☐ ist er allein.
- b ☐ ist er bei Freunden.
- c ☐ steht er.
- d ☐ liegt er.
- e ☐ sitzt er.

22

ÜBUNGEN

Wortschatz Plus

1 Was tun, wenn ein Kind oder Jugendlicher verschwindet.
In seiner Tv-Sendung *Bitte melde dich* gibt Jörg Wontorra Tipps.
Ergänze die Sätze mit dem richtigen Wort aus der Wortkiste.

> *Dialog Foto Hilfe Kleidung Leberflecke*
> *Orte Polizei ruhig Zeit*

1 Bleiben Sie .... und verlieren Sie nicht die Nerven.
2 Suchen Sie ein aktuelles .... Ihres Kindes.
3 Bitten Sie zuerst Ihre Nachbarn um .... bei der Suche.
4 Benachrichtigen Sie dann die ....
5 Beschreiben Sie das körperliche Aussehen Ihres Kindes sehr detailliert (...................., Narben etc.).
6 Achten Sie immer auf die .... Ihres Kindes.
7 Geben Sie die .... an, wo Ihr Kind oft ist.
8 Aber vor allem : verlieren Sie nicht den .... mit Ihrem Kind.
9 Nehmen Sie sich .... für Ihr Kind. Auch wenn Sie noch so gestresst sind.

1. **r Leberfleck(e)**: dunkle Stelle auf der Haut.

23

Jugendliche **Ausreißer**

„Ausreißer aus Schwaben erwischt. In Coburg hat eine kleine Bayernrundreise für zwei jugendliche Ausreißer geendet. Die beiden 15-Jährigen waren bereits am vergangenen Montag aus ihrem Heim im schwäbischen Kühbach ausgerissen. Per Anhalter oder per Eisenbahn waren sie dann auf Wanderschaft gewesen. Im Zug von Thüringen nach Coburg hat sie ein Schaffner ohne Fahrkarte angetroffen. Er übergab die beiden der Polizei."

Aus: *CocoaNachrichten & RadioEinsNews* (25.10.2002)

„Ausreißer wieder gefasst. Der 14-Jährige, der am 25. April aus dem geschlossenen Heim an der Feuerbergstraße geflüchtet ist, wurde gefasst. Der Ausreißer sitzt nun in U-Haft. Er war am 27. Februar erstmals in das Heim gekommen. Insgesamt flüchtete er dreimal von dort."

Aus: *Hamburger Abendblatt* (10.5.2003)

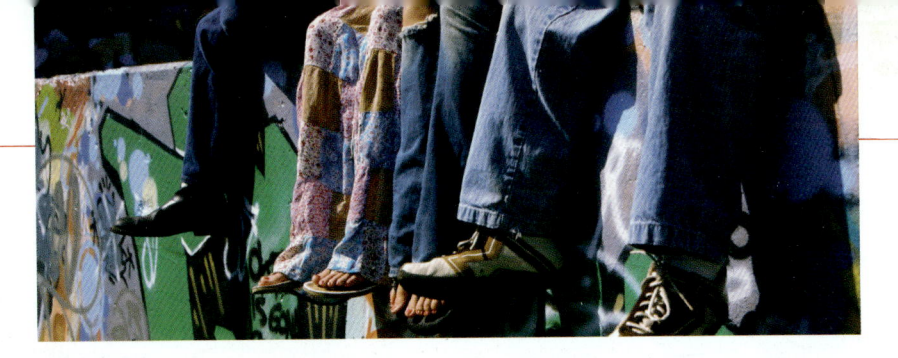

Nix wie weg von zu Hause! Ich halte es nicht mehr aus. Das hast du doch bestimmt auch schon einmal gedacht. Aber aus einem kleinen Joke, dem Abenteuer 24 Stunden mal sein eigener Mensch zu sein, kann schnell bitterer Ernst werden. Viele Ausreißer bleiben auf der Straße und werden zu Straßenkindern. Ein Phänomen nicht nur in Dritte-Welt-Ländern wie Brasilien oder Rumänien. Auch in Deutschland gibt es Kinder und Jugendliche, die nicht bei ihren Eltern, sondern auf der Straße wohnen. Man schätzt die Zahl der jungen Obdachlosen [1] auf 10000 bis 50000, davon allein 3000 in Berlin. Die erste Kontaktbörse sind meistens die großen Bahnhöfe. Hier finden die Straßenkinder „Freunde" im Positiven und Negativen. Jugendliche in der gleichen Situation und engagierte Sozialarbeiter, die helfen wollen. Aber natürlich auch Kontakt zur Kriminalität: Drogen und Prostitution. Ein spannender Film über diese Szene ist *Wir Kinder vom Bahnhof Zoo* aus dem Jahre 1980. Er erzählt die Geschichte von dem Berliner Teenie

1. **r Obdachlose(n):** Person ohne festen Wohnsitz.

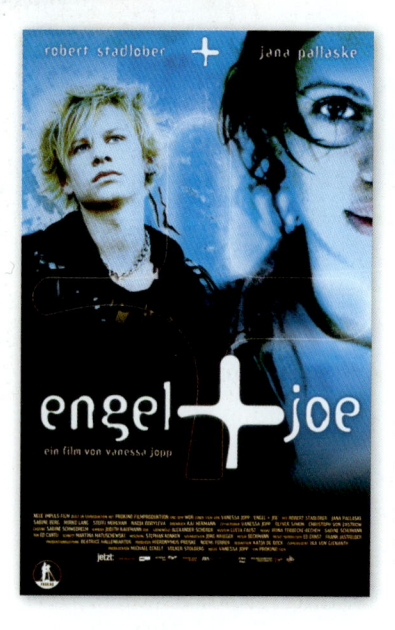

Christiane. Eine Geschichte, die wirklich passiert ist. Ein ähnlicher Film heißt *Engel+Joe* (2001). Das Mädchen Joe, gerade mal 15, reißt von Zuhause aus und lernt auf der Straße den 17-jährigen Punk Engel kennen. „Eltern können hier von ihren Kindern was lernen" lobte die Kritik den Film von Vanessa Jopp nach einer authentischen Geschichte. Beide Filme kannst du in den Videotheken der Goethe-Institute ausleihen.

1 Richtig (R) oder Falsch (F)?

			R	F
1	a	Die Ausreißer aus Schwaben sind mit dem Zug gefahren.	☐	☐
	b	Sie haben einen Piloten getroffen.	☐	☐
	c	Sie haben die Polizei um Hilfe gebeten.	☐	☐
2	a	Der Hamburger Ausreißer war 25 Jahre alt.	☐	☐
	b	Er lebt in einem Heim.	☐	☐
	c	Er ist zum ersten Mal ausgerissen.	☐	☐
3	a	In Deutschland gibt es 3000 Straßenkinder.	☐	☐
	b	Sie wollen nach Brasilien oder Rumänien.	☐	☐
	c	Sie suchen Kontakte an Bahnhöfen.	☐	☐

Akt 2 Szene 1

HERR UND FRAU SCHNEIDER

Herr Schneider ist in Erichs Zimmer. Es ist ein typisches Jugendzimmer: ein Bett, ein Fußball auf dem Boden, ein unordentlicher Schreibtisch, Bücher in einem Bücherregal. An der Wand hängen Poster von Rennfahrern und Rockmusikern. Herr Schneider hat einen Zettel[1] in der Hand. Er ist sehr aufgeregt. Als seine Frau kommt, läuft er zu ihr hin.

HERR SCHNEIDER: — Endlich bist du da! Guck mal da! Sie haben Erich entführt.

FRAU SCHNEIDER: — Was? Was sagst du denn da?

HERR SCHNEIDER: — Guck hier. Lies das.

Er reicht ihr den Zettel. Frau Schneider hat Schwierigkeiten beim Lesen, sie versucht die einzelnen Wörter zu entziffern[2].

FRAU SCHNEIDER: — Kind ... retten ... das Leben ... Aber wo hast du denn diesen Zettel gefunden? Man kann nicht alles lesen. Die Schrift ist verwischt[3].

HERR SCHNEIDER: — Ich habe den draußen gefunden, vor der Haustür.

FRAU SCHNEIDER: — Was? Vor der Haustür?

HERR SCHNEIDER: — Ja, vor der Haustür. Auf dem Boden. Ganz

---

1. **r Zettel(-)**: Stück Papier.
2. **entziffern**: mit Schwierigkeiten lesen.
3. **verwischt**: nicht klar lesbar.

Erich ist verschwunden

nass. Der Regen hat die Wörter verwischt, aber ich bin sicher, das ist eine Lösegeldforderung [1].

FRAU SCHNEIDER: — Aber das muss gar nichts heißen. Man kann doch nur einige Wörter lesen.

HERR SCHNEIDER: — Aber denk doch mal nach. Kind… Wir haben Ihr Kind… Es fehlt die Summe. Die ist ausgewischt. Aber das ist eine Lösegeldforderung. Und guck da: Retten Sie das Leben… Ganz klar. Das ist eine Drohung [2]. Wir müssen zahlen, um Erichs Leben zu retten. Ich fahre wieder zum Kommissariat.

Er geht zur Tür, aber seine Frau hält ihn zurück.

FRAU SCHNEIDER: — Nein. Das hat keinen Zweck. Kommissar Gandolf kommt gleich.

HERR SCHNEIDER: — Aber ich kann nicht länger warten. Erich ist in Gefahr.

FRAU SCHNEIDER: — Komm! Wir gehen in sein Zimmer. Vielleicht finden wir ja doch Spuren. Und beruhige dich. Sonst werde ich auch noch verrückt [3].

Akt 2 Szene 2

HERR UND FRAU SCHNEIDER, KOMMISSAR GANDOLF

Schneiders sind in Erichs Zimmer.

HERR SCHNEIDER: — Was für eine Unordnung.

Herr Schneider nimmt einige Blätter Papier vom Schreibtisch, er macht die Schublade auf.

1. **s Lösegeld(er)**: Geld bezahlen, um das Leben zu retten.
   e Lösegeldforderung(en): wenn jmd Lösegeld haben will.
2. **e Drohung(en)**: „Geld oder Leben!".
3. **verrückt werden**: den Verstand verlieren.

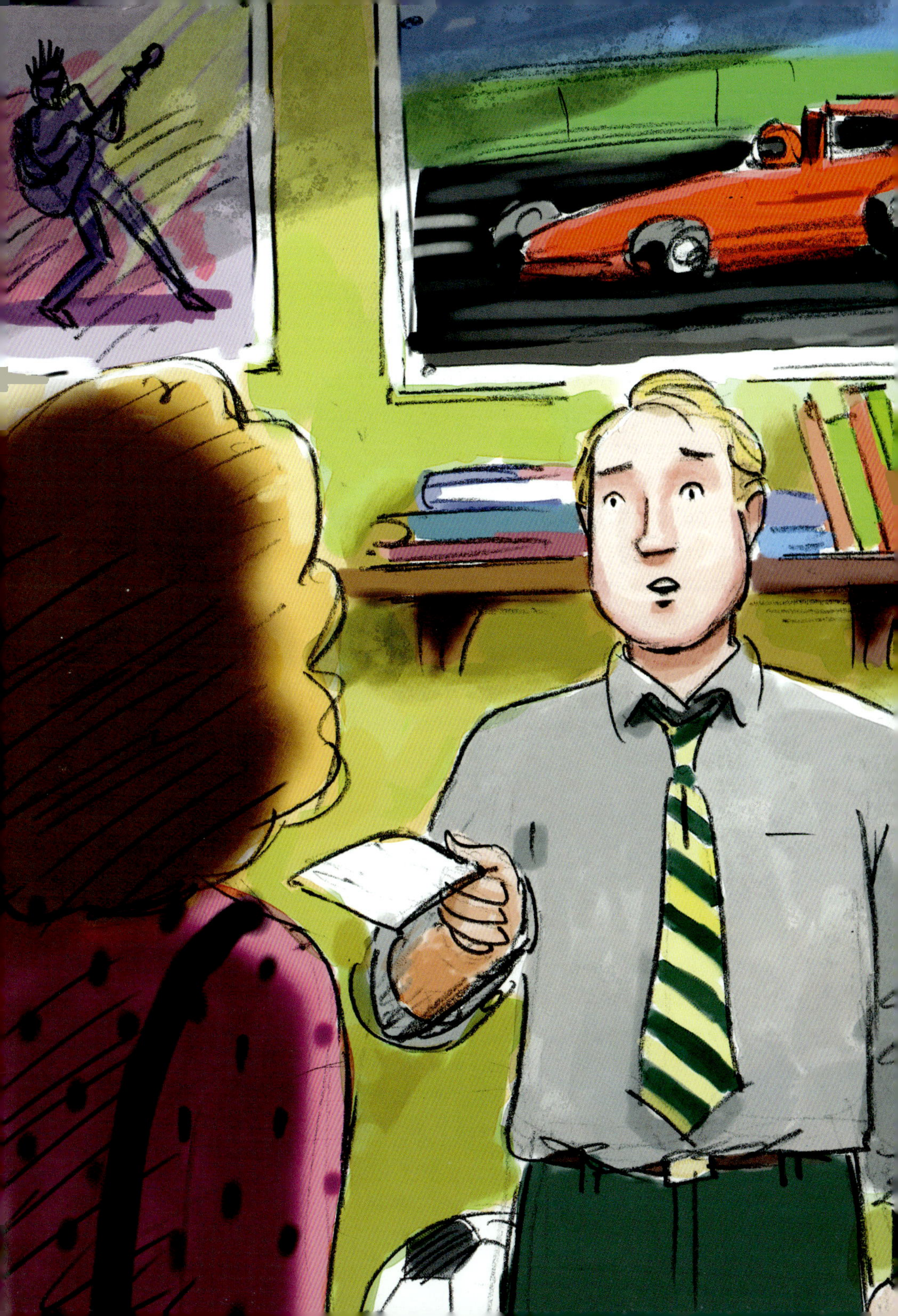

Erich ist verschwunden

Mangelhaft [1]. Das ist eine Mathearbeit. Er hat eine Fünf in Mathe und hat mir nichts gesagt.

FRAU SCHNEIDER: — Hans, das ist jetzt nicht so wichtig. Wir müssen jetzt Spuren finden. Guck, da ist sein Stundenplan. Freitags hat er Französisch, Englisch und Geographie. Sind seine Bücher da?

HERR SCHNEIDER: — Französisch ... Geschichte ... Naturwissenschaften ... Geographie ...

Herr Schneider fährt mit dem Finger über die Bücher.

Es fehlt das Englisch- und das Mathebuch. Das ist komisch. Und seine Kleider? Guck mal in den Schrank.

Frau Schneider öffnet die Schranktür und guckt sich die Kleider an. Kommissar Gandolf kommt, er ruft laut.

KOMMISSAR GANDOLF: — Ist da jemand? Herr Schneider?

HERR SCHNEIDER: — Ach, da sind Sie ja endlich, Herr Kommissar. Kommen Sie rein. Schauen Sie, das ist ganz schrecklich. Eine Lösegeldforderung. Ich habe das vor der Haustür gefunden.

Kommissar Gandolf bleibt stehen. Er nimmt das Stück Papier in die Hand.

KOMMISSAR GANDOLF: — Das ist komisch. Die Schrift ist ganz verwischt. Man kann nur ein paar Wörter entziffern. Fehlt etwas aus Erichs Zimmer?

HERR SCHNEIDER: — Nein, es fehlt nichts. Kommen Sie und schauen Sie selbst.

Kommissar Gandolf geht in Erichs Zimmer und guckt sich um.

KOMMISSAR GANDOLF: — Na klar, Erich schwärmt [2] für schnelle

1. **mangelhaft (eine Fünf)**: schlechte Schulnote. In Deutschland gehen die Schulnoten von 1 (sehr gut) bis 6 (ungenügend).
2. **schwärmen für**: enthusiastisch sein.

Akt 2 Szene 2

Autos und Rockmusik.
Frau Schneider: — Ja, das ist wahr. Er liest Autozeitschriften, er schaut sich alle Formel-1-Rennen im Fernsehen an … Er sammelt auch Autogramme von den Piloten.
Herr Schneider: — Aber das ist doch gar nicht so wichtig. Man hat ihn entführt. Wir müssen etwas tun.
Kommissar Gandolf antwortet nicht, er schaut sich die Poster an, eins nach dem anderen, dann die Bücher im Regal. Er kratzt sich am Kinn, er schaut wieder den Zettel an, dann die Fotos, die Bücher.
Kommissar Gandolf: — Das ist ja komisch …

ÜBUNGEN

Textverständnis

1 Personen und Objekte. Wo sind sie?

a	☐ Herr Schneider		1	vor der Tür.
b	☐ Die Bücher	*ist*	2	im Bücherregal.
c	☐ Die verwischten Wörter	*sind*	3	im Schrank.
d	☐ Der Zettel		4	auf einem Stück Papier.
e	☐ Erichs Kleider		5	auf dem Schreibtisch.
f	☐ Die Blätter		6	in Erichs Zimmer.

2 Kannst du dich erinnern?

1 Wie ist das Zimmer von Erich?
....

2 Warum ist Herr Schneider sehr aufgeregt?
....

3 Welche Note hat Erich in seiner Mathearbeit?
....

4 Wie ist Erichs Stundenplan am Freitag?
....

5 Welche Bücher fehlen auf Erichs Schreibtisch?
....

6 Was interessiert Erich?
....

7 Was macht Kommissar Gandolf?
....

ÜBUNGEN

3 Lies noch einmal die beiden Szenen. Wer macht was?

a   Frau Schneider
b   Erich
c   Kommissar Gandolf
d   Herr Schneider

1   ☐ findet einen Zettel vor der Haustür.
2   ☐ will sofort das Lösegeld zahlen.
3   ☐ ist wütend über Erichs 5 in der Mathearbeit.
4   ☐ öffnet die Schranktür.
5   ☐ merkt, dass Erich für Formel-1-Rennen schwärmt.
6   ☐ sammelt Autogramme von Rennfahrern.

Grammatik

Die Hilfsverben *sein* und *haben*

Er **ist** im Büro.   Er **hat** einen Zettel.

sein und *haben* sind zwei sehr wichtige Verben. Das Präsens geht so:

sein	haben
Ich **bin**	Ich **habe**
Du **bist**	Du **hast**
Er, sie, es **ist**	Er, sie, es **hat**
Wir **sind**	Wir **haben**
Ihr **seid**	Ihr **habt**
Sie **sind**	Sie **haben**

Für die zusammengesetzten Zeiten brauchst du *sein* oder *haben* als Hilfsverb und das *Partizip Perfekt*.

Er **ist** ins Büro **gekommen**.   Er **hat** einen Zettel **gefunden**.

ÜBUNGEN

1 *sein* oder *haben*? Setze das richtige Verb ein.

Erich (**1**) .... 15 Jahre alt. Er (**2**) .... lange Haare.
Er (**3**) .... Schüler. Er (**4**) .... eine Schwester.
Sein Vater (**5**) .... Ingenieur. Er (**6**) .... streng
mit Erich. Erichs Mutter (**7**) .... mehr Verständnis für
ihren Sohn. Aber beide (**8**) .... Angst um Erich.
Sie (**9**) .... besorgt. Erich (**10**) .... nicht nach
Hause gekommen. Er (**11**) .... auch nicht in der Schule
gewesen. Seine Klassenkameraden (**12**) .... ihn nicht
gesehen.

Wortschatz

1 Beschreibe die drei Zimmer auf den Fotos.

34

ÜBUNGEN

2 **Hypothesen.**

a Was glaubst du, wer wohnt in den Zimmern? Eine Frau, ein Mann, ein Paar?
....

b Sind die Bewohner alte oder junge Leute?
....

c Was lieben die Bewohner? Traditionen, Reisen? Bequemlichkeit und Komfort?
....

d Welches Zimmer magst du? Warum?
....

3 **Kreativer Workshop.**
Gib den Bewohnern der Zimmer eine Identität: Vorname, Name, Beruf. Sind sie verheiratet, haben sie Kinder? Welche Hobbys haben sie? Reisen sie gern? Wohin? Und wie sehen sie aus? Wie ist ihr Charakter?

....
....
....
....
....
....
....
....

Akt 2 Szene 3

Herr und Frau Schneider, Kommissar Gandolf, Pauline

Die Tür geht auf. Man hört die Stimme eines jungen Mädchens.
Pauline: — Mama, Papa, seid ihr da?
Frau Schneider: — Ja, Pauline. Wir sind in Erichs Zimmer.
  Das Telefon klingelt im Flur, Pauline hebt ab.
Pauline: — Hallo.
Herr Schneider *sehr laut* — Nein. Warte!
  Aber es ist zu spät, Pauline spricht schon.
Pauline: — Hallo. Hallo. Was? Hallo. Wer spricht denn da? Hallo. Erich? Was? Erich? Ich verstehe nichts. Verflixt!
  Sie legt auf. Herr Schneider und Kommissar Gandolf sind zu ihr gekommen.
Herr Schneider: — Also, wer war das? Erich?
Pauline: — Erich? Ich weiß nicht. Da hat sich jemand verwählt[1]. Ich habe nichts verstanden.
  Sie sieht Kommissar Gandolf.
Ich habe Lärm gehört. Viel Lärm. Aber was ist denn los?
Frau Schneider: — Hast du Erichs Stimme wieder erkannt?

---

1. **sich verwählen**: eine falsche Telefonnummer eingeben.

Akt 2 Szene 3

PAULINE: — Erichs Stimme? Ich weiß nicht …

Herr Schneider dreht sich zu Kommissar Gandolf um.

HERR SCHNEIDER: — Machen Sie doch etwas! Wir müssen handeln. Die Lösegeldforderung und jetzt dieser Anruf. Aber was machen Sie denn da?

Er ist sehr aufgeregt. Kommissar Gandolf scheint abwesend[1] zu sein; er nimmt eine Zeitung, die auf dem Tisch neben dem Telefon liegt und blättert sie durch. Herr Schneider wird wütend.

Was denn? Sie lesen Zeitung? Mein Sohn ist in Gefahr, man hat ihn entführt, er ist in Lebensgefahr und Sie lesen Zeitung? Machen Sie Ihre Arbeit und suchen Sie ihn!

Kommissar Gandolf hebt den Kopf.

KOMMISSAR GANDOLF: — Ihn suchen? Ich habe ihn ja vielleicht schon gefunden.

HERR SCHNEIDER: — Aber was sagen Sie denn da? Sind Sie verrückt?

KOMMISSAR GANDOLF: — Nein. Sehen Sie, die Lösung könnte da sein.

Kommissar Gandolf gibt ihm die Zeitung.

Lesen Sie die Schlagzeilen[2].

HERR UND FRAU SCHNEIDER: — Banküberfall auf die Deutsche Bank… Formel-1, letzte Trainingsrunden vor dem Großen Preis auf dem Hockenheimring, Luciano Pavarotti heute Abend in der Alten Oper, Zugstreik heute Nachmittag. Ich verstehe überhaupt nichts mehr.

---

1. **abwesend**: unaufmerksam.
2. **e Schlagzeile(n)**: großer Titel auf der ersten Seite der Zeitung.

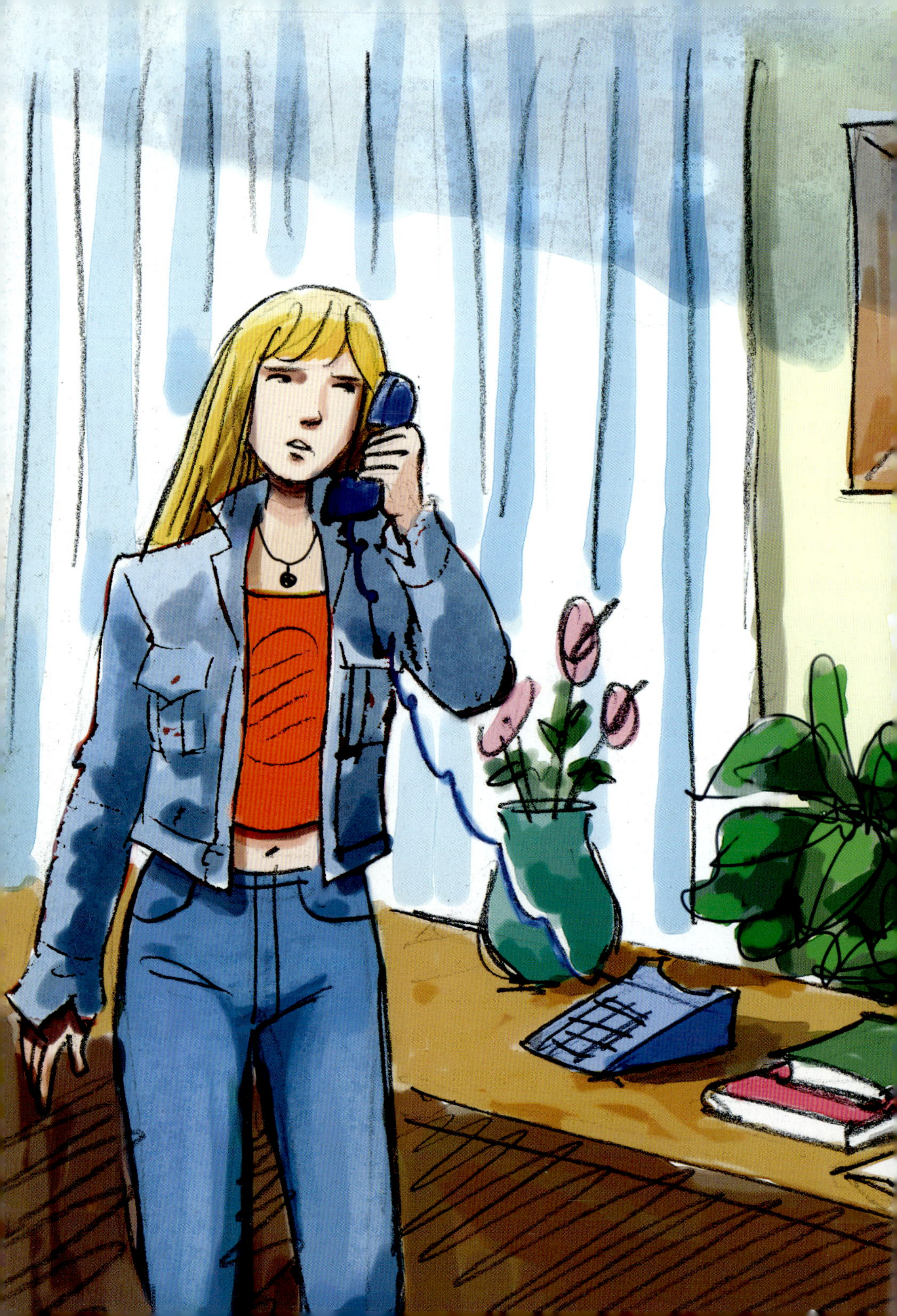

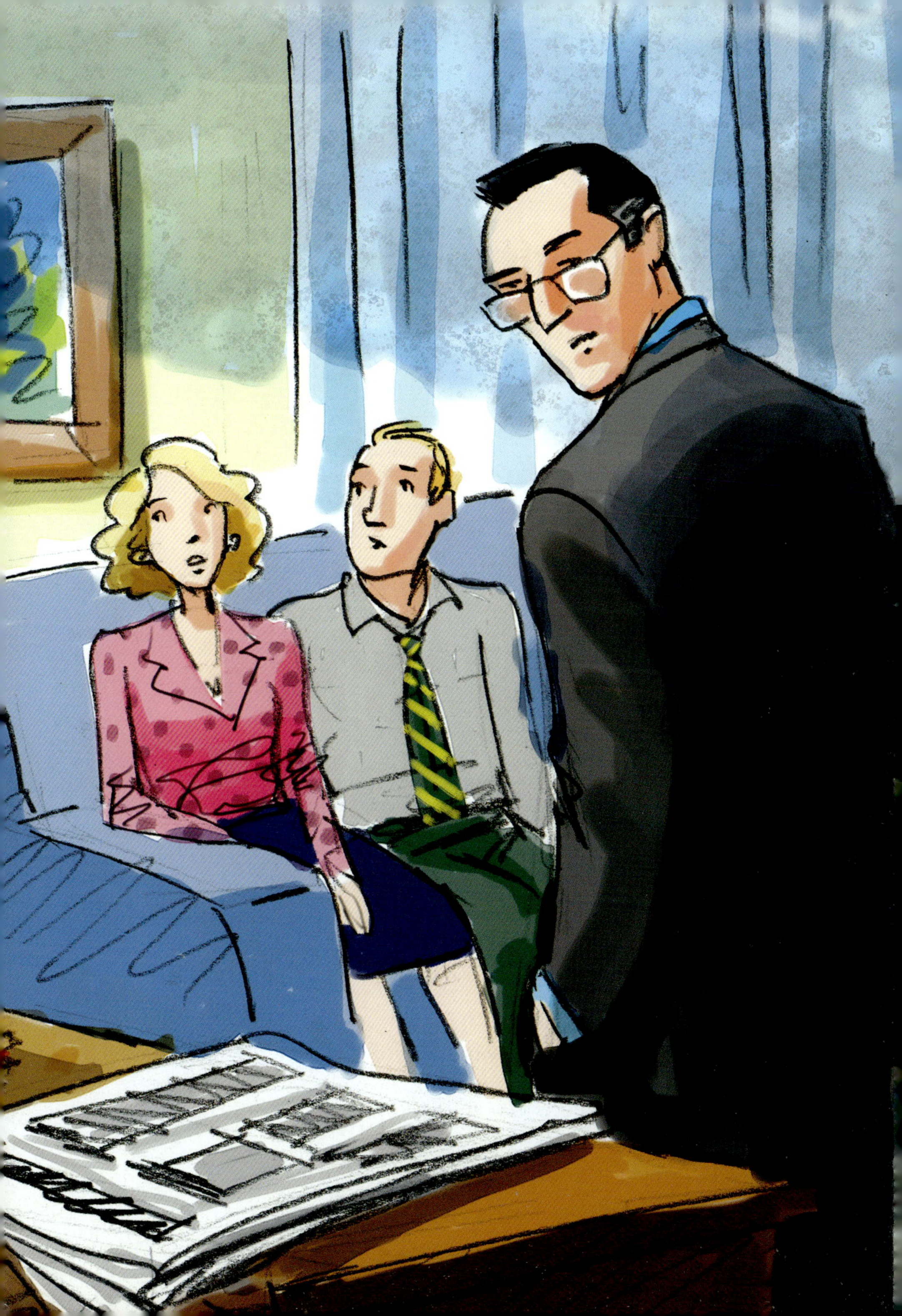

Erich ist verschwunden

KOMMISSAR GANDOLF: — Wir haben keine Zeit. Kommen Sie! Ich hoffe, ich irre mich nicht.
Kommissar Gandolf verlässt die Wohnung. Herr und Frau Schneider folgen ihm. Auch Pauline geht mit.
PAULINE: — Kann mir vielleicht jemand erklären, was hier los ist?

Lesen Plus

FIT 1 **1** Im Chaos von Erichs Zimmer hat sein Vater die Mathearbeit entdeckt, aber nicht die Schülerzeitung *Zett*.
Dort hat Erich mehrere Anzeigen rot unterstrichen. Lies sie und beantworte die Fragen. Nur eine Antwort ist richtig.

a

Studenten für Schüler
Wir helfen bei den Hausaufgaben

Unterrichtsfächer: Latein, Griechisch,
moderne Fremdsprachen, Mathe, Physik, Chemie.
Geöffnet von 13.00 – 20.00 Uhr.
Gemütliche Atmosphäre mit Internetcafé.
Info: Paukstudio Professor Unrath,
Goethestr.13, 60178 Frankfurt/Main, Tel. 0611 453312

1 Im Paukstudio unterrichten
  a ☐ Schüler.
  b ☐ Studenten.
  c ☐ Lehrer.

2 Der Unterricht ist
  a ☐ in allen Schulfächern.
  b ☐ in Fremdsprachen.
  c ☐ nicht in allen Schulfächern.

3 Im Paukstudio kann man auch
  a ☐ Sport treiben.
  b ☐ im Internet surfen.
  c ☐ Filme anschauen.

ÜBUNGEN

b

Ostseeinsel Rügen
Der ultimative Surfkurs!

1 Woche Surfen für Anfänger und Fortgeschrittene mit Übernachtung und Frühstück in der Jugendherberge „Hiddensee". Gelegenheit zum Selbstkochen in der großen Küche. Anreise mit dem Zug. Sonderpreise für Jugendgruppen.
Info: Reisebüro „Sport & Spass"
Heinrich Heine Allee 125
60254 Frankfurt/Main Tel. 0611 567234

1 Rügen ist
   a ☐ eine Insel.
   b ☐ eine Stadt.
   c ☐ ein Dorf auf dem Land.

2 Man lernt dort
   a ☐ kochen.
   b ☐ surfen.
   c ☐ übernachten.

3 Man erreicht Rügen mit dem
   a ☐ Autobus.
   b ☐ Flugzeug.
   c ☐ Zug.

ÜBUNGEN

c

(Ferien)jobs für alle

Du bist älter als 14? Du hast ein paar Stunden Zeit am Tag?
Du magst Tiere, Kinder und alte Leute?
Dann bist du bei uns richtig! Ruf uns an und du hast einen Job
Info: „JobaufZeit", Rossinistraße 212
60275 Frankfurt/Main, Tel. 0611 954318

1 „JobaufZeit" vermittelt Jobs an
   a ☐ Studenten.
   b ☐ Schüler unter 14 Jahren.
   c ☐ alle ab 15 Jahren.

2 Für den Job muss man
   a ☐ Tiere, Kinder und alte Leute suchen.
   b ☐ Tiere, Kinder und alte Leute mögen.
   c ☐ Tiere, Kinder und alte Leute kennen.

3 Für den Job braucht man
   a ☐ ein paar Stunden
   b ☐ einen Tag
   c ☐ jeden Tag
   Zeit.

Sprechen

1 **Drei Anzeigen, verschiedene Hypothesen:**

1 Ist Erich statt in die Schule ins Paukstudio gegangen? Oder hat er einen Job gefunden, um sich Geld für einen Surfkurs zu verdienen?
2 Oder ist Erich von zu Hause ausgerissen, weil er Probleme hat?
3 Ist sein Vater zu streng? Seine Mutter zu weich?
4 Aber Kommissar Gandolf hat auch eine Idee? Was glaubst du?

Akt 3 Szene 1

**Kommissar Gandolf,
Herr und Frau Schneider, Pauline,
eine Bahnangestellte, Leute, die warten.**

Am Bahnhof. Kommissar Gandolf geht zum Informationsschalter. Die Leute stehen Schlange [1]. Er drängelt [2] sich vor. Frau Schneider bleibt hinten in der Schlange und spricht mit Pauline. Herr Schneider folgt Kommissar Gandolf. Er ist nervös, ungeschickt und fällt über einen Koffer. Die Leute protestieren.

— Aber ich bin vor Ihnen!

— Vorsicht, mein Koffer.

— Warten Sie, wie wir alle!

— Sie haben kein Recht, vorzudrängeln!

— Ich bin genauso in Eile wie Sie. Jetzt bin ich dran!

Kommissar Gandolf steht am Schalter und zeigt der Angestellten seinen Dienstausweis.

Kommissar Gandolf: — Entschuldigung, Fräulein, aber es ist sehr dringend. Sind Züge aus Hockenheim angekommen?

Die Bahnangestellte: — Aus Hockenheim? Nein. Die sind alle ausgefallen wegen Streik. Aber einer ist doch gefahren.

---

1. **Schlange stehen**: viele Leute, die warten.
2. **Sich vordrängeln**: nicht in der Reihe bleiben.

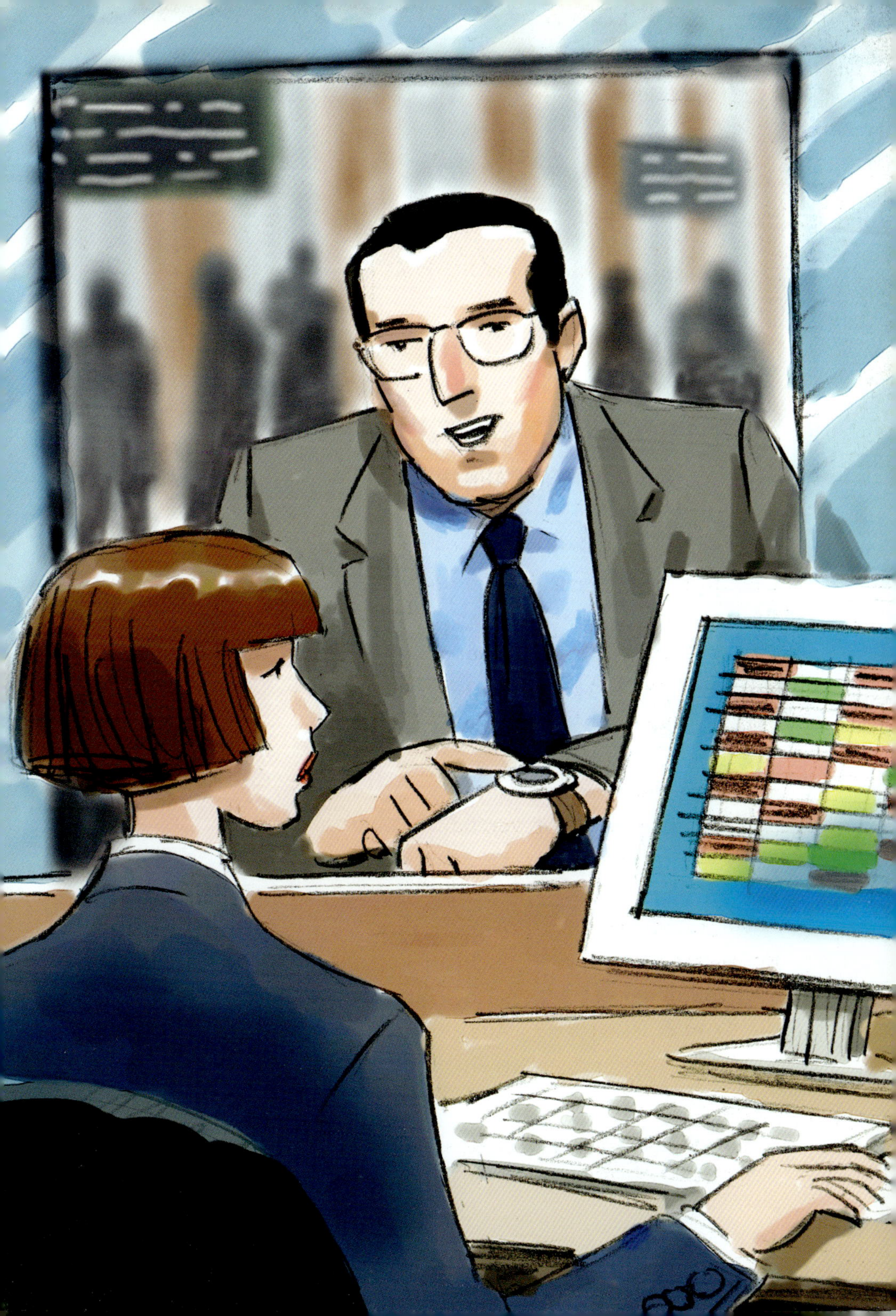

Erich ist verschwunden

Er kommt in zehn Minuten an.
Kommissar Gandolf: — Vielen Dank, Fräulein. Auf welchem Gleis kommt der Zug an?
Die Bahnangestellte: — Gleis 3.
Kommissar Gandolf: — *Zu den Leuten, die protestieren.* Ich bitte Sie nochmals um Entschuldigung. Vielen Dank.

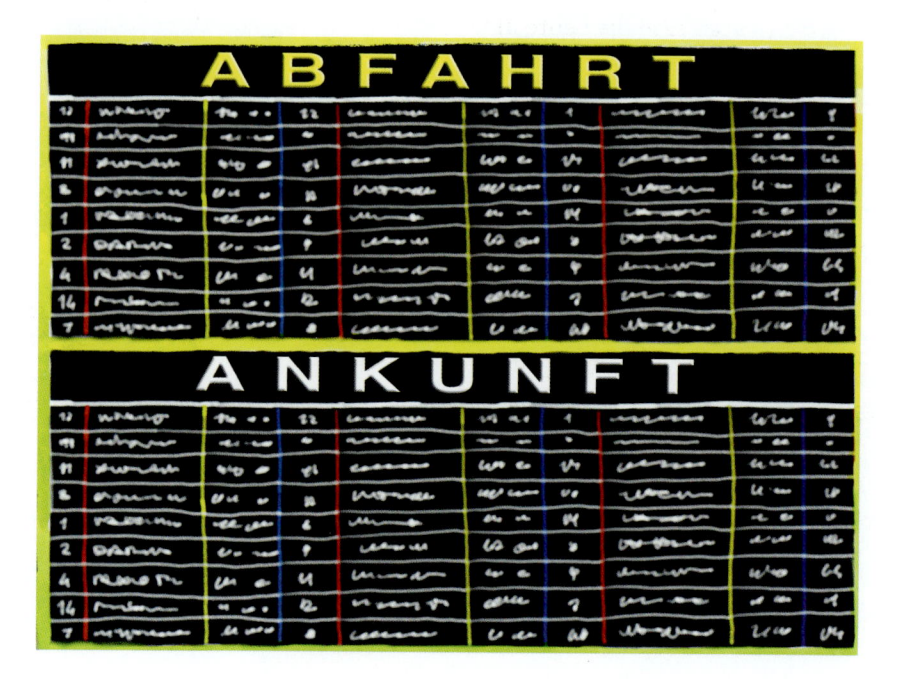

ÜBUNGEN

Textverständnis

1 **Erinnerst du dich?**

a Wohin sind Kommissar Gandolf, Herr und Frau Schneider gegangen?
....

b Warum sind die Leute in der Warteschlange ärgerlich?
....

c Warum sind die Leute in Eile?
....

d Was fragt Kommissar Gandolf die Bahnangestellte?
....

e Warum fahren keine Züge?
....

f Wann kommt der Zug aus Hockenheim an?
....

g Auf welchem Gleis kommt der Zug an?
....

2 **Wer macht was?**

a Kommissar Gandolf
b Die Bahnangestellte
c Frau Schneider

1 ☐ geht zum Schalter.
2 ☐ spricht mit Pauline.
3 ☐ fragt nach Zuginformationen.
4 ☐ sagt, dass der Zug auf Gleis 3 ankommt.

47

Sprechen

1 Das kannst du besser!
Der Regisseur Wim Wander gibt seinen Schauspielern Regieanweisungen, ist aber etwas unkonzentriert. Zum Glück ist da sein Assistent.

— Sie, Kommissar Gandolf, stehen mit Pauline in der Schlange.
a *Aber nein, der Kommissar* ....

— Sie, Herr Schneider, Sie bleiben bei Ihrer Frau.
b *Aber nein,* ....

— Sie, Frau Schneider, fallen über Ihren Koffer.
c *Aber nein,* ....

— Sie, die Bahnangestellte, sagen, der Zug kommt auf Gleis 4 an.
d *Aber nein,* ....

Grammatik

Der Plural

Im Deutschen gibt es verschiedene Pluralformen. Die meisten sind unten in der Liste.

Typologie	Symbol	Singular	Plural
Unverändert	-	s Fenster	Fenster
Anhängen von -e	-e	r Hund	Hunde
Umlaut + Anhängen von -e	¨-e	r Sohn	Söhne
Anhängen von -en	-en	s Hemd	Hemden
Anhängen von -n	n	e Hose	Hosen
Anhängen von -s	s	s Auto	Autos
Umlaut + Anhängen von -er	¨-er	s Rad	Räder

ÜBUNGEN

1 Lies die Szene 3.1 noch einmal und unterstreiche mit Rot die Substantive im Singular, mit Blau die im Plural.

2 Lies den nachfolgenden Zeitungsartikel und trage die Wörter aus der Wortliste in der Pluralform ein. Unbekannte Wörter und die richtige Pluralform findest du im Wörterbuch.

> Ausländerin — Gesicht — Kameradin
> Polizist — Schuh — Stunde — Tag

„Jedes Mal, wenn ich auf Trebe[1] gehe, erfinde ich ein neues Leben. Einen neuen Namen, eine neue Vergangenheit. Die erzähle ich denen, die ich treffe." .... mit Plateausohlen, ein bauchfreies
T-Shirt: Julia ist zum fünften Mal ausgerissen.

Am Tag zuvor haben zwei .... Julia in ein Heim für schwererziehbare Jugendliche in der Lessingstraße in Frankfurt eingeliefert. Hier wird sie 24 .... bleiben. Am Tag danach wird ihre Mutter aus Hamburg kommen, wo Julias Flucht vor neun .... begann. Jetzt sieht Julia fern zusammen mit drei .... Zwei sind ...., die in Deutschland ein besseres Leben suchen. Eine andere will nach der Scheidung der Eltern nicht mehr bei ihrer Mutter wohnen. Das Ausreißen hat viele ....

nach *Le Nouvel Observateur*

---

1. **auf Trebe gehen**: (*Jugendsprache*) ausreißen.

Wortschatz

1 Der dritte Akt spielt auf dem Bahnhof. Sammele alle Wörter, die zum Wortfeld *Bahnhof* gehören.

   a Substantive: ....
   b Verben: ....

Vervollständige die Minidialoge.

   c Am .... warten die Leute, um ihre .... zu kaufen.
      — Entschuldigung, Fräulein, aber ich bin vor Ihnen an der Reihe.

   d — Entschuldigung, aber mein .... fährt in einigen Minuten ab.
      — Wo kommt der ICE aus München an?

   e — Auf .... Nummer 5.

   f — Lassen Sie ihren .... nicht unbeaufsichtigt. Das ist leichtsinnig.

   g — Ja, vielen Dank. Aber ich suche meinen .... Könnten Sie einen Moment aufpassen? Ich komme gleich wieder.

ÜBUNGEN

Lesen Plus

1 Herr Schneider muss eine Geschäftsreise nach Essen machen und will den ICE Frankfurt-Essen nehmen. Er sucht eine Verbindung im Internet. Schau dir die Internetseite an und antworte auf die Fragen.

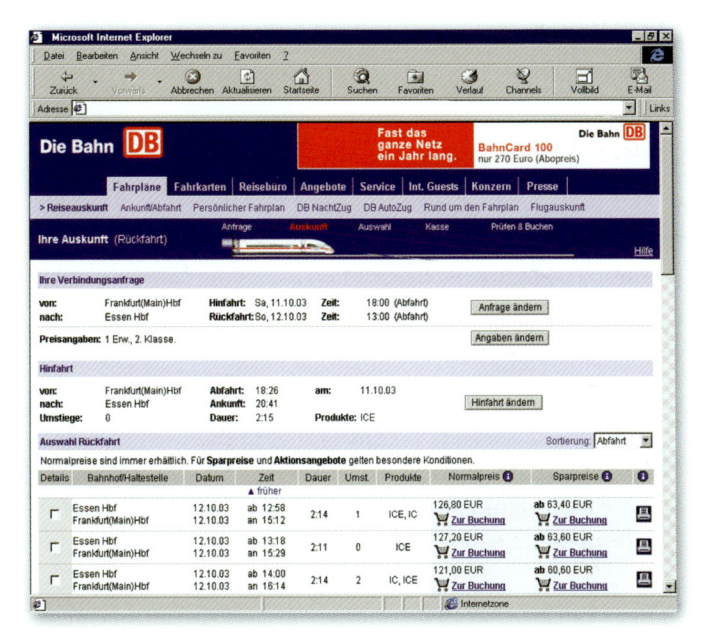

1 Seine Hinfahrt ist

    a ☐ vor 18.00 Uhr.

    b ☐ um 18.00 Uhr.

    c ☐ nach 18.00 Uhr.

2 Er muss

    a ☐ einmal

    b ☐ zweimal

    c ☐ keinmal

    umsteigen.

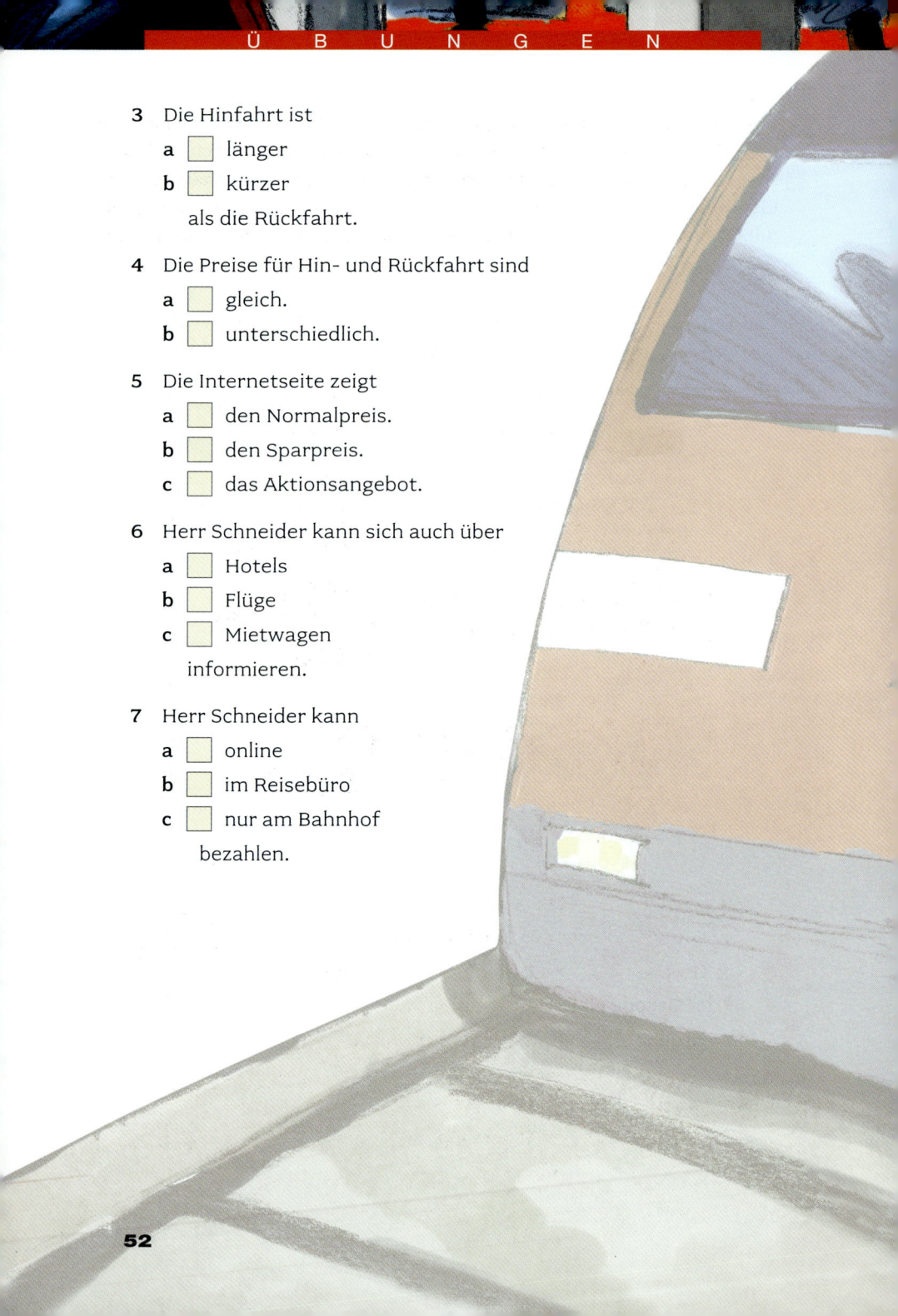

ÜBUNGEN

3 Die Hinfahrt ist
   a ☐ länger
   b ☐ kürzer
   als die Rückfahrt.

4 Die Preise für Hin- und Rückfahrt sind
   a ☐ gleich.
   b ☐ unterschiedlich.

5 Die Internetseite zeigt
   a ☐ den Normalpreis.
   b ☐ den Sparpreis.
   c ☐ das Aktionsangebot.

6 Herr Schneider kann sich auch über
   a ☐ Hotels
   b ☐ Flüge
   c ☐ Mietwagen
   informieren.

7 Herr Schneider kann
   a ☐ online
   b ☐ im Reisebüro
   c ☐ nur am Bahnhof
   bezahlen.

ÜBUNGEN

2 Frau Schneider hat einen Flug für sich, ihren Mann, Erich und Pauline und eine Gruppe von Freunden reserviert. Sie fliegen nach Mailand, um Shopping im Winterschlussverkauf zu machen. Schau dir die Internetseite mit der Reservierung an und antworte mit *Richtig* (R) oder *Falsch* (F). Wenn du keine Information findest, setze ein Fragezeichen (?).

		R	F	?
1	Sie hat nur einen Flug reserviert.	☐	☐	☐
2	Die Gruppe besteht aus 11 Personen.	☐	☐	☐
3	Die Gruppe besteht vor allem aus alten Leuten.	☐	☐	☐
4	In der Gruppe gibt es auch ein Baby.	☐	☐	☐
5	Die Gruppe will nicht mit einer bestimmten Fluggesellschaft fliegen.	☐	☐	☐
6	Die Gruppe fliegt Business-Class.	☐	☐	☐
7	Die Gruppe hat einen Direktflug.	☐	☐	☐

ÜBUNGEN

3 Diesen Champion kennst du bestimmt, oder?

MICHAEL SCHUMACHER	
Familienstand	verheiratet
Staatsangehörigkeit	deutsch
Geburtsdatum	3. Januar 1969
Geburtsort	Hürth
Größe	1,74 m
Gewicht	74,5 kg
Preise	
Weltmeister	7
Grandprix-Rennen teilgenommen	250
Siege	91
Pole Position	68
Punkte	1291

1 Wer ist die Person? ....
2 Was ist er von Beruf? ....
3 Wie alt ist er? ....
4 Wie viel wiegt er und wie groß ist er?
   ....
5 Wie viele Weltmeisterschaften hat er gewonnen?
   ....

1 Richtig (R) oder Falsch (F)?

                                                                            R   F

1 Die Person macht Jogging.   ☐ ☐
2 Er ist Brasilianer.   ☐ ☐
3 Er hat noch nie die Weltmeisterschaft gewonnen.   ☐ ☐
4 Er ist am 3. Januar geboren.   ☐ ☐
5 Er hat an zweihundert Grandprix-Rennen teilgenommen.   ☐ ☐

Autorennen in Deutschland

Nicht nur Melbourne, Montecarlo und Monza

In Deutschland gibt es auch zwei weltberühmte Rennstrecken: Den Hockenheimring bei Mannheim und den Nürburgring in der Eifel. Den Hockenheimring gibt es seit 1932. Bis 1970 waren dort nur Motorradrennen. Das erste Formel-1-Rennen fand 1970 statt. Schon damals kamen 100.000 Zuschauer. Das wichtigste Rennen ist heute der Große Preis von Deutschland. Michael Schumacher gewinnt 1995 als erster Deutscher dieses Rennen. Die Grandprix-Strecke ist 4,5 km lang. Insgesamt gibt es 120.000 Zuschauerplätze.

Und wenn kein Rennen ist?

Kein Problem. Von April bis Oktober kann man am Donnerstag mit dem eigenen Auto oder Motorrad ein paar Runden drehen. Allerdings ist das nur in Gruppen bis zu 40 Autos oder Motorrädern möglich. Und Wettrennen à la Michael Schumacher sind nicht erlaubt. Dafür gibt es aber auf dem Hockenheimring Sicherheitstrainings für Auto- und Motorradfahrer.

Der Hockenheimring mal ganz anders

Kein Auto, kein Motorrad? Es geht auch mit den Inline-Skates. Bei schönem Wetter tummeln sich Dienstag abends ab 18.00 Uhr Skater zwischen 5 und 75 Jahren auf dem Motordrom. Seit 1998 sind über 100.000 Skater über die Formel-1-Strecke gerollt. Was man noch alles auf dem Hockenheimring machen kann, findest du auf der Website vom Hockenheimring. Und auch eine Webcam, die alle 30 Sekunden ein neues Bild liefert. Aber leider nicht während der Formel-1-Rennen.

Der Nürburgring

Der Nürburgring, die grüne Hölle

Nur fünf Jahre jünger und nicht weniger berühmt ist der Nürburgring bei Koblenz. Wegen ihrer Gefährlichkeit heißt die Piste im Rennfahrerjargon „grüne Hölle". Vor allem die Nordschleife, wo es immer wieder schwere Unfälle gibt. Im August 1976 verunglückt der österreichische Rennfahrer Niki Lauda schwer und überlebt wie durch ein Wunder. Zehn Jahre lang gibt es keine Grandprix-Rennen mehr und die Piste wird umgebaut.

Spiel und Spaß am Nürburgring

Auch wenn keine Rennen stattfinden, kommen viele Besucher zum Erlebnispark Nürburgring. Im Rennsportmuseum kann man sich alte und neue Rennmodelle ansehen und auf einer neuen Mountainbikepiste parallel zur Nordschleife radeln.

Und die Zukunft der Formel-1 (in Deutschland)?

Viele Zigarettenmarken waren die großen Sponsoren der Formel-1. Und machten damit Werbung. Aber Zigarettenwerbung ist in ganz Europa verboten. Die Rennfahrer müssen sich wohl neue Geldgeber suchen ... .

1. Interessieren dich Autorennen? Warum? Warum nicht?
2. Findest du diesen Sport gefährlich?
3. Formel-1-Fahrer verdienen wie Starfußballer viel, viel Geld. Zuviel?
4. Was meinst du: Sind die Champions der Auto- und Motorradrennen ein schlechtes Beispiel für „normale" Auto- und Motorradfahrer?

Akt 3 Szene 2

Herr und Frau Schneider, Kommissar Gandolf, Pauline

Kommissar Gandolf: — Kommen Sie, wir gehen zum Gleis.

Herr Schneider: — Aber erklären Sie mir doch. Warum glauben Sie, dass Erich in Hockenheim war?

Kommissar Gandolf: — Vielleicht wollte er die Testrunden sehen, die Formel-1-Piloten und wegen des Streikes konnte er nicht mehr weg.

Frau Schneider: — Aber das ist doch unmöglich. Und die Lösegeldforderung?

Kommissar Gandolf: — Richtig, da ist der Zettel. Aber ich weiß nicht, ob das wirklich eine Lösegeldforderung ist. Sie ist zu seltsam. Schauen Sie!

Kommissar Gandolf zieht den Zettel aus der Tasche.

Das ist eine Kinderhandschrift und man wirft eine Lösegeldforderung nicht auf den Boden. Das ist lächerlich.

Pauline nähert sich, sieht den Zettel und lacht laut.

Pauline: — Eine Lösegeldforderung, das? Aber das ist doch ein Zettel für eine Spende in der Schule. Wo haben Sie den denn gefunden.

Herr Schneider: — Auf dem Boden. Vor der Haustür.

Akt 3 Szene 2

PAULINE: — Den habe ich sicherlich verloren, als ich heute morgen aus dem Haus ging. Ich habe fünfzig Kopien gemacht, um sie in der Schule zu verteilen [1].

KOMMISSAR GANDOLF: — Ein Zettel für eine Spende?

PAULINE: — Ja, um Geld für die Kinder zu sammeln, die Hunger leiden. Mit fünf Euro kann man das Leben eines Kindes retten. Es ist kaum zu glauben.

KOMMISSAR GANDOLF: — Gut, jetzt bin ich aber beruhigt. Wir sind auf der richtigen Fährte [2]. Erich ist sicherlich in Hockenheim.

HERR SCHNEIDER: — Aber das ist doch unglaublich.

KOMMISSAR GANDOLF: — Aber nein. Erich hat an alles gedacht, außer an den Zugstreik. Versetzen Sie sich ihn. Heute morgen geht er statt zur Schule zum Bahnhof und nimmt den Zug nach Hockenheim. Er ist sicher, dass er um fünf wieder zu Hause ist. Aber da ist der Zugstreik und er sitzt in Hockenheim fest.

HERR SCHNEIDER: — Aber warum hat er uns nicht Bescheid gesagt?

KOMMISSAR GANDOLF: — Er hat angerufen, kurz bevor der Zug abfuhr. Der Lärm am Telefon, das war der Lärm des Zuges.
Man hört den Lautsprecher. „Der Zug aus Hockenheim fährt nun auf Gleis 3 ein."
Kommissar Gandolf reicht Frau Schneider die Hand.

KOMMISSAR GANDOLF: — Also, ich gehe jetzt. Ich habe auch einen 15-jährigen Sohn. Er ist zu Hause und wartet auf mich. Heute Abend gehe ich mit ihm zu einem Fußballspiel.
Auf Wiedersehen, Frau Schneider, auf Wiedersehen, Pauline.

---

1. **verteilen**: an viele Leute geben.
2. **e Fährte(n)**: e Spur.

Erich ist verschwunden

Du hast mir sehr geholfen und viel Glück für deine Spendensammlung.
Er reicht Herrn Schneider die Hand.

Akt 3 Szene 2

Wiedersehen, Herr Schneider. Seien Sie nicht zu streng mit Erich. Sie waren auch mal 15 Jahre alt.
Man hört den Zug einfahren. Kommissar Gandolf geht weg.

ÜBUNGEN

Textverständnis

1 Beantworte die Fragen.

1 Wohin ist Erich gefahren?
....
2 Warum?
....
3 Wer hast den Text für den Zettel geschrieben?
....
4 Und warum?
....
5 Warum konnte Erich nicht pünktlich nach Hause kommen?
....
6 Hat Kommissar Gandolf Kinder?
....

2 Lies Szene 2 noch einmal und vervollständige den Satz.

1 Der Zettel ist keine Lösegeldforderung,
sondern ....
2 Erich musste in Hockenheim bleiben
wegen ....
3 Pauline will Kindern helfen,
die ....
4 Erich hat angerufen,
aber ....
5 Kommissar Gandolf muss nach Hause,
denn ....

62

ÜBUNGEN

▶▶▶ INTERNETPROJEKT ◀◀◀

Tourismus in Frankfurt

Deine nächste Klassenreise geht nach Frankfurt. Du bist neugierig und willst dich schon vorher informieren. Gehe in eine Suchmaschine und gib das Stichwort *Frankfurt + Tourismus* ein. Du kommst auf die offizielle Seite vom Tourismusamt Frankfurt.

Auf der horizontalen Menüleiste gibt es sieben Themen. Welche?

a ....
b ....
c ....
d ....
e ....
f ....
g ....
h Kann man Online-Buchungen machen?
Wenn ja, versuch's doch mal. Such dir ein schönes Hotel aus. Dazu brauchst du die Preiskategorien (wie viele?) und die Ausstattungsmerkmale (wie viele?).
So, nun hast du ein Hotel. Und was machst du in deiner Freizeit? Museen und Theater interessieren dich nicht, aber Filme, Fahrradfahren und Joggen in einem Park.
i Auf welche Seiten gehst du?

ÜBUNGEN

Ein Freund hat dir erzählt, dass man mit einer bestimmten Karte in Frankfurt weniger bezahlen muss.
j Wofür gilt die Karte und was kann man damit machen?
Nun bist du den ganzen Tag durch Frankfurt mit dem Rad gefahren, hast auch im Park gejoggt und hast nun richtig Hunger. Auch hier hilft dir das Tourismusamt Frankfurt weiter.
k In wie viele Kategorien ist Frankfurts Gastronomie aufgeteilt?
l Für welche Kategorie interessierst du dich?
Und natürlich Shopping. Deine Oma hat dir ja genügend Taschengeld für deinen Trip nach Frankfurt mitgegeben.
m Es gibt sieben Straßen, wo du (fast) alles findest. Wie heißen sie? Welche interessierten dich besonders.

Goethes Geburtshaus

Du erinnerst dich: Johann Wolfgang von Goethe war doch in Frankfurt geboren, oder? Ob es noch sein Geburtshaus gibt?
Gib die Worte *Goethe-Haus* + *Frankfurt* ein.
Und da ist es: Das Haus, wo Goethe 1749 geboren wurde.
a Wie viele Etagen hat das Haus?
b Was gibt es im Erdgeschoss, in der Blauen Stube zu sehen?
Jetzt geht's du ins Musikzimmer im 1. Stock.
c Welches Instrument hat Goethes Vater gespielt? Und der Rest der Familie?
Im 2. Stock ist das Zimmer von Goethes Schwester.
d Wie war ihr Name?
Und jetzt noch in die 3. Etage. Dort steht Goethes Lieblingsspielzeug.
e Wie heißt es?
f Und in welchem berühmten Werk von Goethe kommt es vor?

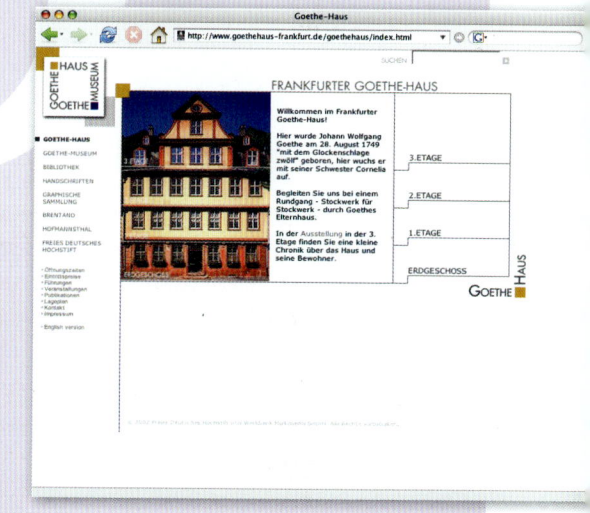